글

역사는 큰별쌤 최태성 | 큰별쌤 최태성 선생님은 한국사를 가르칠 때면 슈퍼 파워를 내뿜는 열정적인 대한민국 1등 한국사 선생님입니다. 우리가 역사를 왜 배워야 하는지, 역사 속 사람들과 어떻게 대화하고 소통해야 하는지를 알려주시죠. 큰별쌤과 함께라면 역사는 더 이상 지루하고 어려운 과목이 아니랍니다. 역사를 웃음과 감동이 넘치는 재미있는 이야기로 만드시는 능력이 있으시거든요. 큰별쌤은 어린이부터 어른까지 한국사를 공부하고 싶은 사람 모두를 돕고 싶다는 마음으로 모두의 별별 한국사 연구소장이 되셨어요. 그리고 EBS와 모두의 별별 한국사 사이트, 유튜브 채널 최태성 1TV와 2TV에서 한국사 무료강의를 선보이고 있죠. TV와 라디오 등 방송을 통해서는 남녀노소 모두를 위한 역사 교양을 살뜰히 챙겨주시며 대중과 소통하고 있습니다.

윤소연 | 어릴 때부터 글을 쓰는 사람이 되고 싶어 방송국에서 구성작가로 일했습니다. EBS 어린이 범죄예방 드라마 '포돌이와 어린이 수사대', 한·중 합작 어린이 종합 구성물인 '렌과 쥴리의 찌무찌무 탐험대'를 썼고요. 지은 책으로는 『네 맘대로는 이제 그만』, 『갯벌아 미안해』, 『나는 다섯살, 소망반 선생님입니다』가 있습니다. 글 쓰는 즐거움에 행복한 나날을 보내고 있습니다.

그림

똥작가 신동민 | 대학에서 만화와 시각 디자인을 공부해서가 아니라 타고난 재치와 천재적인 예술적 감각으로 재미터지는 그림만을 선보여주시는 그림 쟁이. 쓰고 그린 책으로는 『똥까페』, 그린 책으로는 『최진기의 경제상식 오늘부터 1일』, 『용어사회 600』 등 무수한 작품을 배출하였습니다.

감수

모두의 별별 한국사 연구소 | 큰별쌤 최태성 선생님과 역사를 전공한 선생님들이 함께 우리 모두를 위한 별의 별 한국사를 연구하는 곳입니다. 어린이부터 성인까지 재미있고 즐겁게 공부할 수 있는 역사 콘텐츠를 만들기 위해 모두의 별별 한국사 연구소의 불은 밤늦게까지 환하게 빛나고 있습니다.

강승임 | 이화여자대학교 신문방송학과를 졸업하고 동대학에서 교육학 석사 학위를 받은 교육자입니다. 독서와 글쓰기를 주제로 한 다수의 교육서와 어린이·청소년 교양서를 집필한 작가이기도 합니다. 대표 저서로는 『꼬리에 꼬리를 무는 엄마표 독서기차』, 『긍정의 말로 아이를 움직이는 글쓰기책』, 『나만의 독서록 쓰기』 등이 있습니다.

우리 아이 첫 놀이 한국사

큰★별쌤과
못말리는
한국사 수호대 6

미션: 고려를 괴롭히는 번개도둑을 막아랏

거란 / 고려

고구려를 계승한 나라는 바로 우리 고려다!

등장인물

영상으로 만나는
한국사 수호대

강산

호기심 많은 꼬마탐정

취미 ★ 탐정놀이
특기 ★ 메모하기
아끼는 보물 1호 ★ 탐정수첩

사건의 실마리가 될 만한 사소한 일도
모두 탐정수첩에 적는다.
관찰력이 뛰어나 주위를 잘 살핀다.

머리에 책이 들어있는 듯
똑똑한 명랑 소녀

취미 ★ 책읽기
특기 ★ 궁금한 거 질문하기
아끼는 보물 1호 ★ 만능시계

궁금한 건 절대 못 참는 성격 탓에 역사를 지키고
번개도둑도 잡기 위한 시간 여행을 떠나게 된다.

바다

마음이 따뜻한 역사 선생님

취미 ★ 배부르게 먹기
아끼는 보물 1호 ★ 이 땅의 모든 아이들

듬직한 성격과 체력으로 침착하게 강산, 바다, 핑이를 보호한다.

큰 ★ 별쌤

덩치는 작지만 용감한 강아지

취미 ★ 킁킁대기, 먹기
특기 ★ 달리기, 점프하기, 왈왈 짖어대기
아끼는 보물 1호 ★ 맛있는 간식

"쾅" 하는 큰 소리를 무서워한다. 번개도둑 냄새에 민감하다.

핑이

보물을 훔쳐 역사를 바꾸는 악당

취미 ★ 도둑질
특기 ★ 숨기, 약 올리기
지금 아끼는 보물 1호 ★ 고려청자, 팔만대장경

<u>변덕스러워서 갖고 싶은 보물이 자주 바뀜</u> ★

번개가 치면 주문을 외우고 순간 이동을 한다.
온몸을 꽁꽁 싸매 정확한 생김새를 아무도 모른다.

번개도둑

지난 이야기

어느 날, 강산이는 2층 다락방에서 무전기를 발견했어요. 무전기에서는 번개도둑들의 대화가 흘러나오고 있었어요.

강산이에게 번개도둑 이야기를 들은 큰별쌤은 깜짝 놀랐어요.
"번개도둑은 보물을 훔쳐 역사를 망가뜨리는 악당이야. 온몸을 꽁꽁 싸매고 있지."

✦ **얄라방방 얄라봉봉 잠긴 시간의 문아, 번개의 힘으로 열려라 번쩍번쩍!** ✦
번개도둑이 주문을 외우자 시간의 문이 열렸어요.

번개도둑을 따라 시간의 문으로 들어간 한국사 수호대! 번개도둑으로부터 보물을 지켜 낼 수 있을까요?

문 안의 세계는 지금으로부터 아주 먼 옛날, 통일 신라와 발해 시대로 이어져 있어요.
한국사 수호대는 발해를 건국한 대조영을 만났어요.
"이제부터 이 나라의 이름은 발해다!"

대조영 옆에는 '발해'를 '망해'라고 쓴 깃발을 든 번개도둑이 있었어요. 그 모습을 본 한국사 수호대는 번개도둑을 혼내주었고, 번개도둑은 통일 신라로 달아났지요.

번개도둑을 찾기 위해 불국사에 간 한국사 수호대는 스님으로 분장한 번개도둑과 맞닥뜨렸어요.

번개도둑은 불국사 다보탑에서 돌사자 상을 훔치고 빨간 가루를 뿌리며 사라졌어요.

번개도둑을 쫓아 후삼국 시대로 간 한국사 수호대는 궁예 변장을 한 번개도둑을 만났어요. 가짜 궁예인 것이 밝혀진 번개도둑은 순식간에 주문을 외우고 시간의 문을 통해 도망갔어요.

한국사 수호대는 후삼국 시대에서 번개도둑을 놓쳤지만, 주령구 놀이에서 번개도둑이 낸 퀴즈의 정답을 맞혀 활을 얻었어요. 활은 이번 여행지인 고려에서 위기에 빠진 한국사 수호대를 도와줄 물건이랍니다.

번개도둑 몽타주 완성하기

번개도둑, 꼼짝 마! 후고구려에서 번개도둑의 주근깨를 확인했어요. 점점 번개도둑의 모습이 완성되어 가고 있어요.

힌트
1. 붉은 갈색의 뽀글뽀글 엉켜 있는 파마머리
2. 짧고 통통한 손가락, 북슬북슬 털이 많은 손등
3. 날카롭게 찢어진 눈, 눈 밑에 있는 큰 점
4. 발목에 새겨진 번개 모양 문신
5. 광대 주위에 있는 까만 주근깨

1번

2번

3번

4번

바다와 강산이는 통일 신라와 발해에서 만났던 인물들을 그리며 번개도둑에게 무전이 오길 기다렸어요.

바다는 후(後)고구려를 세운 궁예와 궁예를 몰아내고 고려를 세운 왕건도 함께 그려 보았어요.

강산이는 대조영을 그리다가 문득 발해가 궁금해졌어요.

팔을 번쩍 들어 큰별쌤에게 물었어요.

"아차, 큰별쌤! 발해는 어떻게 되었나요?"

後 뒤 후: 후고구려의 '후'는 '뒤(後)'라는 뜻이에요. 후고구려는 뒤에 세워진 고구려로, 궁예가 건국한 나라예요.

고구려 땅을 되찾자! 고려를 세운 왕건

*승승장구: 싸움에서 이긴 기세를 타고 계속하여 나아간다는 뜻이에요.

큰별쌤은 종이를 펴 지도를 그리고 그 위에 발해, 후고구려, 후백제, 신라라고 적었어요.
큰별쌤은 발해를 먼저 지우개로 쓱 지우며 말했어요.
"발해는 옛 고구려의 땅을 되찾는 등 한동안 *승승장구하며 전성기를 누렸지만, 거란의 침입으로 멸망하게 된단다."
발해가 멸망했다는 이야기를 듣고 놀란 바다가 물었어요.
"발해의 백성들은 어찌 되었나요?"
"고려를 세운 왕건이 발해의 유민民을 고려의 백성으로 받아들였어."
큰별쌤이 후고구려를 지우고 고려라 적으며 대답했어요.

民 백성 민: 유민의 '민'은 '백성(民)'이라는 뜻이에요.
유민은 망해 없어진 나라의 백성을 말해요.

이번에는 큰별쌤이 지우개로 신라와 후백제를 지우며 말했어요.

"신라의 마지막 왕인 경순왕은 왕건에게 항복했어. 후백제의 견훤도 아들들이 임금 자리를 빼앗자 몰래 도망쳐 왕건에게로 가서 항복했지."

큰별쌤은 신라, 후백제, 고려를 갈라놓았던 *국경선을 쓱 지웠어요. 세 나라로 나뉘었던 한반도 땅이 다시 하나가 되었어요.

"후백제와의 전쟁에서 승리한 고려의 왕건은 마침내 후삼국을 통일한단다."

고려가 마음에 쏙 든 강산이는 카드 놀이를 하자며 보물 카드를 들고 왔어요.

*국경선: 나라와 나라 사이의 경계선을 말해요.

신나게 카드 게임을 하고 있을 때 갑자기 우르릉 쾅쾅
번개가 치더니 치지직 지직하는 소리와 함께 무전기가 켜졌어요.
"번개도둑이 나타났다는 신호예요!"
"어랏! 시간의 문으로 카드가 빨려 들어가요."
"으앙, 내 카드!"
바다와 강산이가 시간의 문으로 뛰어들자
큰별쌤도 사과 먹느라 정신이 팔린 핑이를 챙겨
황급히 따라 들어갔어요.

한국사 수호대는 우리 땅에 통일된 나라가 다시 세워졌다는 사실이 뿌듯했어요.

"왕건에게 축하 인사를 하러 가면 어떨까요?"

"하하! 왕건을 만나러 고려의 수도인 *개경으로 가자!"

큰별쌤이 앞장서고 바다와 강산이, 핑이가 그 뒤를 따랐어요.

궁궐 안으로 들어서니, 왕건이 신하들에게 무언가를 힘주어 말하고 있었어요.

"고구려를 이어받은 우리 고려는 고구려의 옛 땅을 되찾아야 합니다. 고구려의 수도였던 평양을 서쪽의 수도로 삼아 영토를 넓힙시다!"

신하들도 한마음 한목소리로 외쳤어요.

"잃어버린 고구려 땅을 되찾읍시다!"

*개경(송악): 개성의 옛 이름을 말해요.

하지만 얼마 후 왕건은 병이 들어 자리에 눕게 되었어요.
한국사 수호대도 걱정스런 마음으로 조용히 왕건 곁을 지켰어요.
"나의 후손들이 나라를 제대로 다스리지 못할까 걱정이 되는구나.

*유언장을 미리 남기니,

*유언: 죽음에 이르러 남기는 말을 뜻해요.

이를 잘 실천하여 고려를 지키도록 하라."
왕건은 후손들이 이것만은 꼭 따라주길 바라는 마음으로
열 가지 가르침을 남기며 이를 '훈요 10조'라고 했어요.
이 모습을 지켜보는 건 한국사 수호대뿐만이 아니었어요.
번개도둑도 몰래 숨어서 지켜보고 있었어요.

訓 要 十 條
가르칠 훈   요긴할 요   열 십   가지 조

왕건이 숨을 거두자 모두가 슬픔에 빠져 있었어요.

그때 기회를 엿보던 번개도둑이 슬쩍 다가와

훈요 10조가 적힌 두루마리를 펼쳤어요.

"후훗. 내가 왕건의 유언장을 엉망으로 만들 테야!"

*풍수지리: 땅과 장소에 따라 운의 좋고 나쁨이 결정된다는 이론이에요.

훈요 10조 (일부)

1조 불교를 떠받들 것
2조 *풍수지리 사상에 따라 절을 지을 것
3조 왕위는 맏아들에게 물려주되, 맏아들이 어리석으면
    그 다음 아들에게 전해줄 것
4조 ~~거란~~과 친하게 지내지 말 것
5조 서경(평양)을 중시할 것, 특히 1년에 100일은 서경에서 머무를 것
6조 연등회와 팔관회를 성실하게 열 것
7조 왕은 바른 말을 하고, 남을 헐뜯는 신하는 멀리할 것
8조 차령산맥 이남과 공주강 밖의 사람은 쓰지 말 것
9조 평화로울 때에도 국방을 튼튼히 할 것
10조 옛 일을 교훈삼아 오늘을 경계할 것
11조 벽~~돌~~도에서 ㄱ

*활약: 활발히 활동하다라는 뜻이에요.

"번개도둑이 지워버린 글자는 거란이군요."

바다와 강산이의 *활약으로 번개도둑이 망쳐놓은 왕건의 훈요 10조를 원래대로 돌려놓았어요.

큰별쌤이 훈요 10조를 유심히 살펴보며 말했어요.

"번개도둑이 쓰려고 했던 문장을 보니, 어디로 도망갔는지 힌트를 얻을 수 있을 것 같구나."

"번개도둑은 **벽란도**로 갔을 거야. 그곳에 고려청靑자가 있거든."

바다가 만능시계로 벽란도의 위치를 찾아보았어요.

"번개도둑을 잡으러 빨리 벽란도로 가요."

靑 푸를 청: 청자의 '청'은 '푸르다(靑)'라는 뜻이에요. 청자는 푸른 빛깔의 도자기를 말해요.

*무역항: 다른 나라의 배가 드나들면서 물건을 사고 팔 수 있도록 허가를 받은 항구를 말해요.

고려와 세계가 만나는 벽란도

벽란도는 개경에서 가까웠어.
예성강 하류에 있는 *무역항이었지.
벽란도에는 멀리 아라비아의 상인들까지
소문을 듣고 찾아왔어.
어떻게 알고 이곳까지 왔을까?
중국과 아라비아는 꽤 오래전부터 무역을 했어.
바닷바람을 이용해서 먼 길을 오고가야 했기에 5~6월에 중국에 왔다가
11~12월에야 아라비아로 돌아갈 수 있었어.
아라비아로 돌아가기 전 중국 *송나라에 머물던 아라비아 상인들은
고려의 벽란도 이야기를 듣게 된 거야.
벽란도가 유명해지면서 세계 여러 나라의 *사신과 상인들에게
고려는 '코리아'라는 이름으로 널리 알려졌단다.

*송: 960년 조광윤이 세운 중국의 옛 나라예요.

*사신: 임금이나 국가의 명령을 받고 외국에 파견되는 신하를 말해요.

바다와 강산이가 고려청자를 찾기 위해 벽란도 구석구석을 헤매던 중 상인들의 대화를 듣게 되었어요.

"여기가 고려청자라는 도자기로 유명한 '코리아'가 맞소?"

"맞아요. 청자의 투명한 푸른빛이 무척 아름답지요."

바다와 강산이는 두 귀를 쫑긋 세우고
노란 머리를 한 상인 곁으로 다가섰어요.

"쌀롸쌀롸 코리안?"

깜짝 놀란 강산이를 보며 큰별쌤이 웃으며 말했어요.

"대한민국의 영어 이름인 그 코리아를 말하는 거란다. 고려와 발음이 비슷하지? 벽란도에 드나들던 아라비아 상인이 고려라는 이름을 서양에 전하면서 COREA로 알려졌지."

벽란도에 있는 보물 찾기!

양탄자

고려청자

비단

송나라 도자기

인삼

큰★별쌤 추리

번개도둑은 분명 벽란도 주위에서 고려청자를 엿보고 있을거야. 어떤 일을 꾸미려 하는지 고려청자를 좀 더 살펴보자.

 보물 번개도둑이 탐내는 고려청자

고려청자는 흙으로 모양을 빚은 다음에 유약을 발라 구워 만든 도자기로, 푸른색이 특징이에요.
고려 사람들은 처음에는 무늬가 없는 순청자를 만들었어요.
시간이 흐르면서 청자에 여러 무늬를 새겨 넣었지요.
대표적인 것이 상감 기법을 활용한 상감 청자예요.
상감 청자는 겉면에 무늬를 새겨 파낸 후, 다른 색의 흙으로 메우고 유약을 발라 구워서 만들었지요.

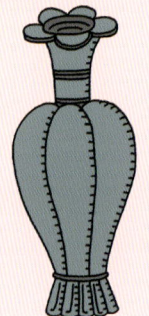
순청자

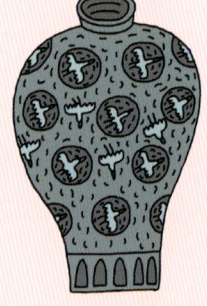
상감청자

하늘빛처럼 맑고 투명하게 빛나면서 그윽한 멋이 감도는 푸른빛. 물 흐르듯 부드럽고 자연스런 곡선도 황홀하게 아름답구나!!

흙을 반죽하여 모양 만들기

겉면에 무늬를 새기고 다른 색 흙 바르기

초벌구이 후 유약을 발라 다시 구워내기

고려청자 속 힌트를 찾아라!

번개도둑이 고려청자 속에 무언가를 숨겼어요. 숨어 있는 글자를 찾아 번개도둑이 남긴 힌트를 알아볼까요?

한국사 수호대가 거란에 도착했을 때 거란의 군사들이 그들을 에워쌌어요.
"고려 사람이 틀림없다! 당장 저들을 붙잡아라!"
큰별쌤, 바다와 강산이는 커다란 나무 기둥에 밧줄로 꽁꽁 묶인 채 거란 군사들의 대화를 엿듣게 되었어요.

거란 군사의 대화를 들은 큰별쌤의 표정이 어두워졌어요.
"서희를 만나러 가야 해!"
핑이가 큰별쌤을 간질이자 시간의 문이 열렸어요.

지혜로운 말로 거란을 물리친 서희

*담판: 서로 맞선 관계에 있는 두 사람이 의논하여 옳고 그름을 판단하는 것을 뜻해요.

한국사 수호대가 시간의 문을 통과했을 때 고려의 서희와 거란의 소손녕이 *담판을 벌이고 있었어요.

"고려는 신라 땅에 나라를 세웠지만,

우리 거란은 고구려 땅에 나라를 세웠소!

우리야말로 진정한 고구려의 계승자요.

고려가 차지하고 있는 옛 고구려 땅을 돌려받아야겠소."

소손녕이 박박 우겼지만, 서희는 얼굴빛 하나 변하지 않았어요.

"어림없는 소리! 고려라는 나라 이름만 봐도 모르겠소?

고구려를 계승한 나라는 바로 우리 고려요!"

서희의 *당당함에 소손녕은 흠칫 놀랐어요.

> *당당하다: 다른 사람 앞에 내세울 정도로 모습이나 태도가 떳떳하다는 의미예요.

서희는 소손녕의 속마음을 꿰뚫어본 듯 현명하게 대처하며 말을 이어갔어요.

"사실 우리는 거란과 친하게 지내고 싶소.

압록강 주변 땅을 여진이 차지해 거란으로 통하는 길목이 막혔소.

그래서 거란과 가까이 지낼 수가 없었던 것이오.

이제라도 그 길목을 고려가 관리한다면

고려와 거란은 서로 *교류할 수 있을 것이오."

소손녕은 고개를 끄덕이고는 서희의 말이 옳다며 군대를 돌렸어요.

"좋아. 그 길목인 강동 6주를 주겠소!"

> *교류: 문화나 사상 등이 서로 오고가는 것을 뜻해요.

서희의 담판을 지켜보던 바다가 기뻐하며 말했어요.

"다행이에요. 거란과 큰 전쟁이 벌어지는 게 아닌가 걱정했어요."

"고려는 전쟁도 하지 않고 압록강 동쪽 땅을 손에 넣었어요. 서희 짱!"

강산이가 엄지를 치켜 올리며 말을 보탰어요.

"이제는 고려가 거란과 친하게 지내게 될까요?"

큰별쌤이 고개를 가로저으며 말했어요.

"거란은 송나라와 계속 가까이 지내는 고려가 못마땅해 견딜 수가 없었어. 고려를 다시 침입할 기회만 노렸지."

"우리가 도울 일이 없을까요?"

고민하던 큰별쌤이 외쳤어요.

"강감찬 장군을 도우러 가자!"

강물을 흘려보내라! 거란을 물리친 강감찬 장군

"장군님! 거란군이 또 쳐들어왔습니다!"

고려 군사가 헐레벌떡 뛰어오며 강감찬 장군에게 소리쳤어요.

"우리가 거란군을 이길 수 있을까? 그냥 도망가 버릴까?"

고려 군사들은 두려움에 떨었어요.

"겁내지 마라! 나에게 좋은 생각이 있다!"

강감찬 장군은 *의기양양하게 외쳤어요.

강감찬은 흥화진 동쪽 상류에서 쇠가죽을 연결하여 강江물을 막고 거란군이 오기만을 기다렸어요.

*의기양양: 뜻한 바를 이루어 만족한 마음이 얼굴에 나타난 모습이에요.

江 강 강: 강물의 '강'은 '넓고 길게 흐르는 물줄기(江)'라는 뜻이에요. 강물은 강에 흐르는 물을 말해요.

거란군은 아무것도 모른 채 강을 건너기 시작했어요.

바로 그때 둥둥 커다란 북소리가 울렸고, 강감찬 장군이 소리쳤어요.

"지금이다! 쇠가죽을 터뜨려 막았던 강물을 흘려보내라!"

쇠가죽으로 막았던 강물이 홍수가 난 것처럼 쏟아져 내리기 시작했어요.

거란군은 거센 물살에 휩쓸리며 큰 혼란에 빠졌어요.

"공격하라! 다시는 고려를 만만하게 생각하지 못하게 하라!"

힘을 얻은 고려의 군사들은 거란군을 향해 소리치며 돌진했어요.

살아남은 거란군은 죽을힘을 다해 도망쳤어요.

"어푸어푸! 나도 쓸려 내려갈 뻔했네!
고려는 귀주에서 패배할 거야."

번개도둑이 놀려대며 말했어요.

번개도둑의 말에 당황한 한국사 수호대는 곧장 귀주로 향했어요.

거란군이 귀주의 동쪽 벌판에 이르자, 비바람이 거세게 불어왔어요.

흥화진 전투에서 지친 거란군은 비바람 속에서 제대로 힘을 쓰지 못했어요.

강감찬은 도망갈 곳이 없는 거란군을 좁은 계곡으로 *유인했어요.

높은 곳에 숨어 있던 고려의 군사들이 공격을 퍼부었어요.

고려는 이 전투에서 크게 승리했어요.

고려의 큰 승리, 강감찬 장군의 '귀주 대첩'이랍니다.

*유인: 주의나 흥미를 일으켜 꾀어내는 것을 뜻해요.

내 화살을 받아라! 몽골의 침입을 막아낸 김윤후

몽골의 사신 저고여가 고려에 왔다 몽골로 돌아가던 길이었어요.

그 순간 큰별쌤, 강산이, 바다, 핑이가 쿠웅! 쿵! 쿵! 콩!

차례로 하늘에서 떨어졌어요.

"너희는 누구냐! 어디서 온 것이냐!"

땅으로 떨어진 한국사 수호대에게 저고여가 칼을 겨누며 물었어요.

"죄송해요. 저희가 잘못 온 거 같아요."

눈치 빠른 바다가 뒷걸음질치며 대답했어요.

피용≈ 그때 저고여가 어디선가 날아온 화살에 맞고 쓰러졌어요.

"번개도둑 짓이에요!"

활을 손에 쥔 번개도둑을 보고 바다가 소리쳤어요.

"번개도둑의 말이 틀렸어요. 고려가 거란을 물리쳤어요!"

기뻐하는 아이들에게 큰별쌤이 말했어요.

"힘을 키운 여진도 고려를 여러 차례 침입하지만
고려는 위기를 이겨내고 국경을 지켜낸단다."

"킥킥. 과연 그럴까?
고려는 몽골의 침입을 받아 위기에 빠질 거야."

번개도둑이 입꼬리를 씰룩거리며 주문을 외웠어요.

시간의 문으로 들어가려던 번개도둑의 망토를 강산이가 잡자,
모두가 구멍 안으로 빨려 들어갔어요.

몽골은 고려가 자기들이 보낸
사신을 죽였다며 몹시 화를 냈어요.
"이제부터 몽골의 군대는
 고려로 갈 것이다.
 고려에 복수하러 가자!"
고려로 쳐들어 온 몽골의 군대는 무시무시했어요.
성을 빼앗고, 집을 불태우며 백성들을 죽이기까지 했어요.
고려는 분했지만 몽골의 군대는 너무 강했어요.
"몽골의 군대를 피해 고려 사람들이 어디론가 떠나는 것 같아요."
겁에 질린 바다가 손으로 가리킨 곳에는
강화도로 가는 고려의 왕과 관리들, 백성들의 모습이 보였어요.

"강화도로 수도를 옮겨서 몽골과 싸우려는 것 같구나.

몽골군은 땅에서 말을 타고 싸우는 데만 익숙하니,

바다에서 배를 타고 싸워 강화도를 공격하지는 못할 거야."

"우리도 강화도로 가서 몽골군을 무찔러요!"

큰별쌤의 이야기를 들은 강산이가 주먹을 불끈 쥐고 힘주어 말했어요.

하지만 큰별쌤은 처인성으로 가

몽골군과 싸우게 될 김윤후를 돕자고 말했어요.

"김윤후를 만나러 처인성으로 빨리 가요."

한국사 수호대는 걷고 또 걸었어요.

한국사 수호대가 처인성에 도착했을 때
달그락 달그락 말 *발굽 소리가 들렸어요.
한국사 수호대는 풀숲으로 몸을 숨겼어요.

*발굽: 초식 동물의 발끝에 있는 크고 단단한 발톱을 말해요.

몽골 군대의 대장인 살리타가 군대를 이끌고 처인성을 지나며,
군사들과 대화를 나누고 있었어요.

"장군, 고려의 왕도 *천하무적의 몽골군이
무서워 강화도로 숨었다 합니다."

*천하무적: 세상에 겨룰 만한 적수가 없다는 뜻이에요.

"어찌 한 나라의 왕이 그리도 나약하단 말이냐!

그때 갑자기 한 스님이 몽골군을 가로막으며 말했어요.

"몽골, 네 이놈들! 나 김윤후가 고려의 백성들을 대신해 너희를~~!"

김윤후가 살리타를 향해 활시위를 힘껏 잡아당기려던 순간, **어랏!** 김윤후의 활이 갑자기 사라져 버렸어요.

순식간에 벌어진 일에 김윤후도 몹시 당황했어요.

몽골 군사가 큰 소리로 김윤후를 비웃었어요.

그런데 자세히 보니 그 군사는 몽골군으로 변장한 번개도둑이었어요.

번개도둑이 꾸민 일이란 걸 눈치챈 강산이가 통일 신라에서 얻은 활을 꺼내 김윤후에게 건네주었어요.

피융≈ 김윤후가 쏜 화살은 살리타의 가슴을 정확하게 맞혔어요.

살리타가 죽자 몽골군은 *혼비백산하여 도망치기 시작했어요.

*혼비백산: 혼백이 흩어진다는 뜻으로, 매우 놀라 넋을 잃음을 이르는 말이에요.

김윤후가 한국사 수호대에게 다가와 꾸벅 감사 인사를 전했어요.

"고맙소. 초조*대장경은 무사하오?"

"몽골의 침입으로 불에 타 버렸습니다."

> *대장경: 대장경은 불교의 지혜를 하나로 모은 것이고, 초조대장경은 고려 최초의 대장경을 말해요.

다리에 힘이 풀려 주저앉은 김윤후에게 큰별쌤이 말했어요.

"고려 사람들은 다시 대장경을 만들게 될 거예요. 무려 8만 장이 넘는 나무 판에 불교의 지혜를 새겨 넣었다 하여, 훗날 팔八만대장경으로 불리지요. 우리가 반드시 지켜낼 겁니다!"

번개도둑은 무언가 *작정한 듯 재빨리 주문을 외우고는 구멍으로 쏙 들어가 버렸어요.

한국사 수호대도 서둘러 김윤후에게 인사를 하고 번개도둑을 따라갔어요.

> 八 여덟 팔: 팔만대장경의 '팔'은 '여덟, 8(八)'이라는 뜻이에요. 경판의 수가 총 8만 1258판이어서 팔만대장경이라고 불러요.

> *작정하다: 어떤 일을 하기로 결정하다라는 뜻이에요.

특명! 고려의 보물 팔만대장경을 지켜라!

강화도의 어느 절에서 부처의 힘을 빌려 몽골을 물리치려는 간절한 마음이 담긴 팔만대장경이 만들어지고 있었어요. 번개도둑이 팔만대장경을 만드는 걸 방해하고 있어요!

강산이와 바다, 핑이가 번개도둑이 숨긴 도(道)구들을 모두 찾았어요.

뚝딱 뚝딱 다시 팔만대장경이 만들어지기 시작한 것을 확인하고 나서야 마음이 놓였어요.

> 道 길 도: 도구의 '도'는 '길, 도리(道)'라는 뜻이에요. 도구는 일을 할 때 쓰는 연장을 말해요.

"간절한 고려인들을 더 힘들게 하지 마!"

화가 난 강산이가 번개도둑 귀에 가까이 대고 크게 소리쳤어요.

"아이고 깜짝이야! 니들이 암만 그래봤자 고려는 망할 거야! 몽골에게 항복하고 *원나라의 간섭을 받게 된다고!"

번개도둑은 강산이를 힘껏 밀치더니 번개를 불러 주문을 외웠어요.

✨얄라방방 얄라봉봉 잠긴 시간의 문아, 번개의 힘으로 열려라 번쩍번쩍!✨

한국사 수호대도 번개도둑을 따라 시간의 문으로 들어갔어요.

> *원: 1271년 몽골이 중국의 북쪽 땅을 차지한 다음에 나라 이름을 원으로 바꾸었어요.

고려, 원의 간섭을 받다

기세가 등등해진 몽골은 힘을 키워 나라 이름을 '원'으로 바꾸었어.
번개도둑이 했던 말처럼 결국 고려는 원나라의 신하 나라가 되어 시시콜콜 간섭을 받게 되었어.

원나라는 고려에 관청을 설치하고 나랏일에 이래라저래라 참견했지.
닥치는 대로 물건을 빼앗는 것도 모자라 고려 사람도 제멋대로 잡아갔어.
고려의 왕자도 *인질로 데려갔지.

원나라의 간섭을 받는 동안 고려에는 원나라와 친하게 지내면서
높은 벼슬을 독차지하는 등 세력을 키운 귀족들이 등장했어.
고려의 공민왕은 더 이상 원나라의 간섭을 참을 수가 없었어.

*인질: 약속을 지키라는 의미로 대신 잡아두는 사람을 뜻해요.

참견은 이제 그만! 원에게 도전장을 내민 공민왕

한국사 수호대는 공민왕과 고려의 신하들이 모여 있는 궁궐 안으로 떨어졌어요.

"나라가 힘이 없으니 백성들의 고생이 이만저만이 아니구나."

공민왕은 원나라 사람들이 고려로 들어와 고려 백성들을 괴롭히고 있다는 이야기를 듣고 몹시 괴로웠어요.

그때 한 신하가 공민왕에게 두루마리를 펴 보이며 말했어요.

"전하, 원나라의 간섭을 받기 시작한 이후 점차 원나라의 생활 방方식이 고려로 들어오고 있사옵니다."

> 方 모 방: 방식의 '방'은 '네모, 방법(方)'이라는 의미예요. 방식은 일정한 방법이나 형식을 뜻해요.

고려에 들어온 원나라의 풍습

변발
남자의 머리 뒷부분만 남기고 민 다음 뒷머리를 길게 땋는 거예요.

호복
'오랑캐의 옷차림'이란 뜻으로 원나라 사람들이 입던 옷이에요.

만두
고기를 넣어 만든 원나라 음식이에요.

족두리
결혼할 때 신부가 머리 위에 얹는 관을 말해요.

*회복: 원래 상태를 되찾은 것을 뜻해요.

"원나라의 간섭으로 나라가 엉망이 되었구나.

지금 바로잡지 않으면 고려는 모든 것을 잃고 말 거야."

공민왕은 자신부터 원나라의 풍습을 버리고,

고려의 전통 옷을 입고 생활 방식을 따르기로 하였어요.

마음이 맞는 신하들과 원나라의 간섭에서 벗어나고자 노력했어요.

"전하, 원나라가 설치한 쌍성총관부를 공격하여 영토를 *회복했습니다."

"전하, 이제 원나라를 따라하는 풍습을 금지했습니다."

공민왕은 원나라의 지배에서 벗어나 자유를 되찾을 날을 꿈꿨어요.

한국사 수호대도 번개도둑을 잡아야 한다는 사실마저 잊고

공민왕을 응원하며 시간을 보내고 있었어요.

중국 땅의 주인이 원나라에서 명나라로 바뀌었어요.

하지만 고려는 여전히 혼란스러웠지요.

"남쪽에서 왜구가 침입했다!"

"왜구가 집에 불을 지르고 식량을 모두 빼앗아 간다."

얼굴이 새파랗게 질린 바다가 흐느끼며 말했어요.

"왜구를 물리치려면 지금보다 강한 무기가 필요한데… 어쩌죠?"

"고려에는 화火약 발명가 최무선이 있단다!"

"뭐얏? 화약이라고?"

대화를 엿들은 번개도둑은 최무선이 화약을 만드는 곳으로 순간 이동을 했어요.

> 火 불 화 : 화약의 '화'는 '불(火)'이라는 뜻이에요. 화약은 자극에 의해 순간적으로 불에 타는 화합물이에요.

큰★별쌤 이야기

번개도둑은 화약을 훔치려고 기회를 엿보고 있었어요. 최무선은 원나라에서 본 화약을 만들기 위한 여러 노력 끝에 고려 땅에서 얻은 재료로 화약을 만드는 데 성공했어요. 번개도둑이 화약을 훔치지 못하도록 막아야 해요.

*초석: 화약의 재료 중 하나인 질산칼륨 *정제: 순수하지 않은 물질을 걸러내는 일

*화포: 화약을 종이나 대통 같은 것의 속에 싸 넣고 그 끝에 심지를 달아 불을 붙여 그 힘으로 탄환을 내쏘는 무기예요.

고려군은 최무선이 만든 *화포를 이용해 왜구를 크게 물리쳤어요.

왜구를 물리치는 과정에서 이성계와 같은 무인 세력이 활약하였어요.

고려의 백성들은 귀족과 관리들의 수탈로 고통을 받았는데, 왜구까지 침입하자 너무나 살기가 힘들었어요.

그러다 보니 왜구를 물리치고 나라를 위기에서 구한 이성계를 더 믿고 따르게 되었어요.

바로 그때 큰별쌤이 이성계와 *신진 사대부 옆에 있던 번개도둑을 보고 소리쳤어요.

"앗! 번개도둑을 조심하세요!"

신진 사대부들은 기울어져 가는 고려의 앞날에 대해 이야기를 나누고 있었어요.

*신진 사대부: 유교의 가르침대로 나쁜 짓을 저지르는 귀족들을 비판하고, 혼란스러운 고려 말의 사회를 바로잡으려고 노력했어요.

"도대체 무슨 꿍꿍이야? 고려는 망하지 않아."

번개도둑의 말에 화가 난 강산이가 번개도둑의 손목을 꽉 움켜쥐었어요.

그 바람에 번개도둑의 손목에 찬 검정색 팔찌가 드러났어요.

놀란 번개도둑이 주문을 외우자 눈 깜짝할 사이에 흔적도 없이 사라져 버렸어요.

강산이가 탐정수첩에 검정색 팔찌를 그려 번개도둑의 몽타주를 완성하는 사이에 바다가 큰별쌤에게 물었어요.

"이제, 고려는 어떻게 되는 거예요?"

"이성계를 중심으로 새 나라 조선이 세워지게 된단다."

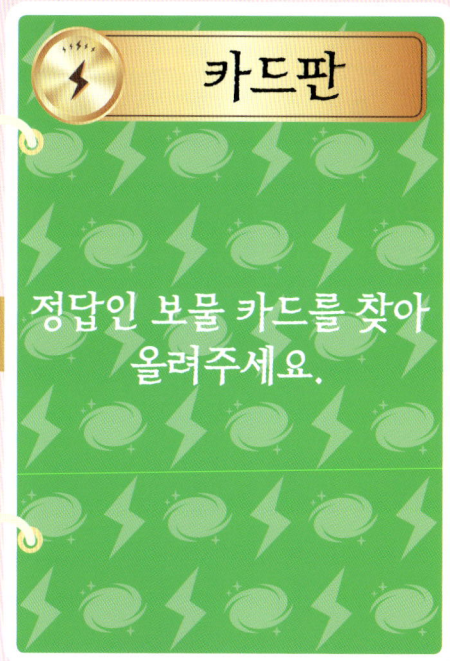

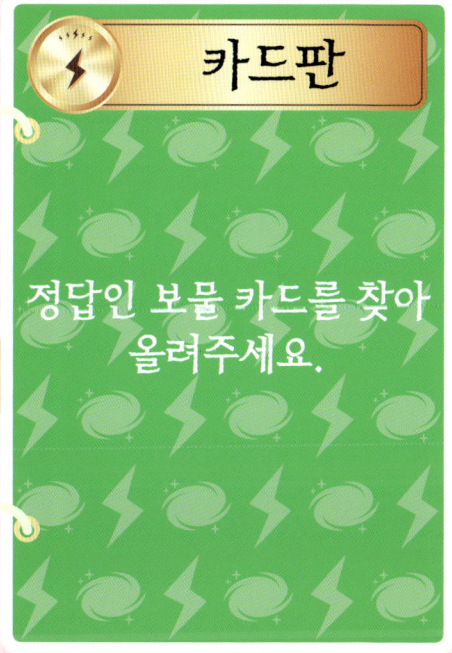

한국사 수호대는 모든 퀴즈를 풀어 번개도둑으로부터 고려의 역사를 지킬 수 있었어요.
마지막 보물 카드까지 정확히 맞추어 방패를 선물로 받았어요.

방패는 어디에 쓰냐고요?
다음 일곱 번째 시간 여행지에서 한국사 수호대를 위기에서 구해줄 물건이랍니다.
그나저나 번개도둑은 정말 조선으로 갔을까요?

<못말리는 한국사 수호대>의 일곱 번째 시간 여행을 기대해 주세요.
아참, 보물 카드는 버리지 말고 간직해 주세요.
언젠가 꼭 필요한 순간이 올지도 모르니까요.

 정답

 번개도둑 몽타주 ⚡10쪽

 왕건 ⚡15~16쪽

벽란도에 있는 보물 찾기 ⚡22~23쪽

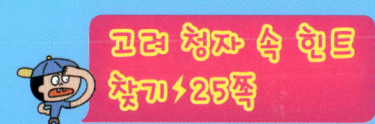 고려 청자 속 힌트 찾기 ⚡25쪽

서희와 강감찬 ⚡33~34쪽

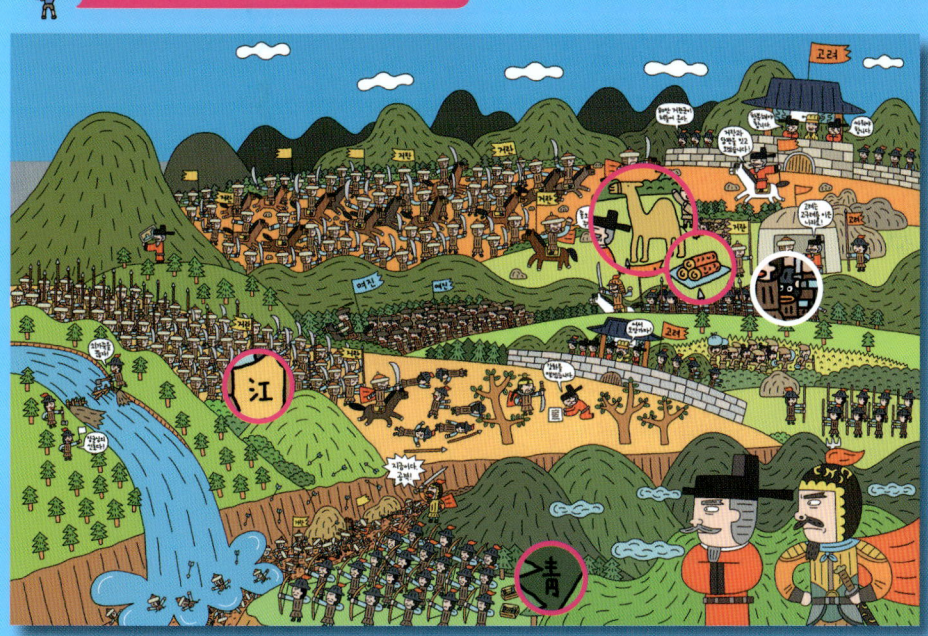

고려 뽑기 카드

왕건 — 고려
6
고려를 건국하고 후삼국을 통일한 왕이에요.

벽란도 — 고려
1
예성강 하류에 있는 고려 시대의 무역항이에요.

서희 — 고려
4
거란의 장수 소손녕과의 외교 담판으로 강동 6주를 획득한 고려의 신하예요.

강감찬 — 고려
5
홍화진, 귀주에서 거란의 대군을 물리친 고려의 장군이에요.

김윤후 — 고려
2
처인성 전투에서 몽골의 장수 살리타를 물리치고 승리한 인물이에요.

팔만대장경 — 고려
8
부처의 힘을 빌려 몽골을 물리치려는 마음을 담아 만든 것이에요.

공민왕 — 고려
7
원의 간섭에서 벗어나기 위해 여러 개혁을 실시한 고려의 왕이에요.

최무선 — 고려
3
원에서 본 화약을 개발하기 위해 노력한 고려의 화약 제조가예요.

우리 아이 궁금증 해결을 위한
친절한 가이드

우리 아이에게 우리 역사를
먼저 만나게 해준 어머님들. 고맙습니다.
우리 아이가 책을 읽다가, 그림을 보다가 엄마에게
질문하더라도 당황하지 마세요.
엄마를 위한 **학습 가이드**를 준비했어요.
엄마가 먼저 읽으시고 우리 아이에게
엄마의 목소리로 친절하게 설명해 주세요.
아이의 **역사적 상상력**이 쑥쑥 자라날 수 있도록
격려해 주세요.

민족의 재통일을 이룬 고려
고려의 시작, 왕건!

신라 말에 등장한 호족 세력 중 견훤과 궁예가 각각 후백제와 후고구려를 세우며 후삼국 시대가 열립니다.

후고구려를 세운 궁예는 관심법을 내세우며 폭악한 정치를 펼쳐 신하들에게 쫓겨나고, 호족들에게 신망을 얻은 왕건이 왕으로 추대됩니다. 왕건은 수도를 송악으로 정하고 918년 고려를 건국하죠.

후삼국 초기 가장 강력한 군사력을 가지고 있었던 후백제는 신라를 공격하여 경애왕을 죽이고 경순왕을 왕위에 올려요. 더 이상 버티기 어려워진 신라의 경순왕은 고려에 항복하고 나라를 바치지요. 후백제에서는 왕위 계승 문제로 내분이 일어났습니다. 이때 견훤은 첫째 아들에 의해 금산사에 유폐되었다가 그곳을 탈출하여 고려로 귀순하죠. 왕건은 후백제와의 전투에서 크게 승리하고 마침내 936년 후삼국을 통일합니다.

큰★별쌤이 엄마에게

고려는 후삼국을 통일하고 민족의 재통일을 이룬 나라예요. 고려, 후백제, 신라 간 여러 전투가 있었고 마침내 고려가 후삼국을 통일하지요. 이렇게 세워진 고려 왕조는 약 500년간 유지돼요. 500년 동안 고려에는 어떤 일이 있었을까요?

고려는 후고구려를 건국한 궁예의 부하였던 왕건이 세운 나라예요. 궁예가 계속 폭정을 일삼자 신하들은 궁예를 쫓아낸 후, 왕건을 왕으로 추대했어요. 왕위에 오른 왕건은 918년 고려를 세웠답니다.

평화로울 것 같았던 고려에 여러 외적이 쳐들어왔어요. 고려가 건국될 때 중국에서는 새로운 세력들이 계속 성장하고 있었습니다. 중국과 맞닿아 있었던 고려는 그 영향을 받을 수밖에 없었죠. 그리하여 고려는 거란, 여진, 몽골의 침입을 받았습니다. 그리고 홍건적과 왜구도 쳐들어왔죠. 하지만 고려는 끊임없는 외적들의 침입을 극복하고 이겨냈습니다. 고려라는 깃발을 꺾지 않은 것이죠. 고려를 건국하고 고려의 깃발을 지켜낸 사람들을 만나볼까요?

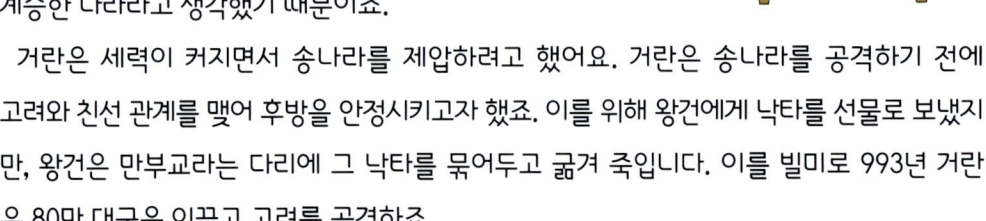

거란과의 담판을 통해 강동 6주를 획득한 서희!

고구려를 이어받은 고려는 발해를 멸망시킨 거란에 적대적인 감정을 가지고 있었습니다. 발해 역시 고구려를 계승한 나라라고 생각했기 때문이죠.

거란은 세력이 커지면서 송나라를 제압하려고 했어요. 거란은 송나라를 공격하기 전에 고려와 친선 관계를 맺어 후방을 안정시키고자 했죠. 이를 위해 왕건에게 낙타를 선물로 보냈지만, 왕건은 만부교라는 다리에 그 낙타를 묶어두고 굶겨 죽입니다. 이를 빌미로 993년 거란은 80만 대군을 이끌고 고려를 공격하죠.

무서운 기세로 거란이 공격해 오자 고려 조정에서는 거란에 항복하자는 주장이 나오기도 했어요. 그러나 서희가 거란의 장수 소손녕을 만나보겠다고 나섭니다. 그리하여 그 유명한 외교 담판이 벌어집니다. 당시 서희는 거란이 송나라와 고려의 관계를 끊기 위해 고려에 침입했다는 것을 정확하게 파악하고 있었습니다. 그 때문에 거란과의 담판을 유리하게 끌고 갈 수 있었고, 결국 전투를 벌이지 않고 강동 6주를 획득하게 되었습니다.

강감찬, 강물을 이용해 거란을 물리치다!

고려가 송나라와 관계를 끊지 않고 소극적으로 나오자 거란이 두 번째로 고려를 침입했어요. 이때 개경이 함락되기도 했지만, 고려의 장수 양규가 거란군을 크게 물리쳤지요.

거란은 강동 6주를 내놓으라며 또다시 고려를 공격했어요. 이때 활약한 고려의 장수가 강감찬입니다. 강감찬이 이끄는 고려군은 흥화진 전투에서 쇠가죽을 터트려 막았던 강물을 흘려 보내 거란군을 물리쳤어요. 그리고 귀주에서 도망가는 거란군을 크게 격파하죠. 이 전투가 귀주 대첩이에요. 거란의 침입을 물리친 고려는 방비를 더욱 튼튼히 하기 위해서 압록강에서 동해안까지 천리장성을 쌓습니다.

이후 여진이 고려를 침입해요. 이때 윤관이 이끄는 별무반이 여진을 정벌하고 동북 9성을 설치했어요. 하지만 계속되는 여진의 반환 요구에 결국 고려는 동북 9성을 돌려주게 되지요. 이후 세력이 커진 여진은 금나라를 세우고 고려에 사대를 요구합니다.

몽골의 침략, 그리고 처인성 전투를 승리로 이끈 김윤후

큰 제국으로 성장한 몽골은 고려에 저고여라는 사신을 파견합니다. 그런데 저고여가 몽골로 돌아가는 길에 죽게 되지요. 그러자 몽골은 고려가 저고여를 죽였다고 보아 이를 빌미로 고려를 침략합니다.

당시 최고 집권자였던 최우는 수도를 강화도로 옮기면서 결사항전을 다짐합니다. 이때 고려 본토에 남은 백성들은 가족을 지키기 위해 무시무시한 몽골군을 상대로 싸우기 시작했습니다. 특히 처인성에서는 김윤후가 몽골을 상대로 한 전투에서 승리를 거두지요.

몽골의 침입으로 초조대장경과 황룡사 9층 목탑 등이 불에 타 많은 문화재가 소실되었습니다. 이때 고려 사람들은 거란이 침입했을 때처럼 대장경을 만들어 몽골을 물리치고자 합니다. 이 대장경이 팔만대장경이지요.

하지만 오랜 전쟁에 지친 고려는 몽골과 강화를 맺고 수도를 개경으로 다시 옮깁니다. 이후 고려는 몽골이 세력을 키워 세운 원나라의 간섭을 받게 됩니다.

원나라의 간섭이 시작되다

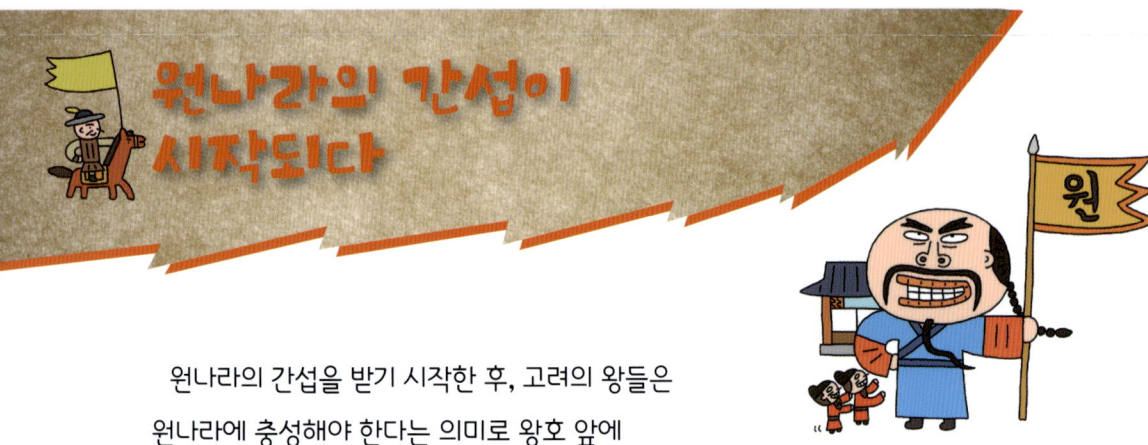

　원나라의 간섭을 받기 시작한 후, 고려의 왕들은 원나라에 충성해야 한다는 의미로 왕호 앞에 '충'을 붙여야 했으며, 고려의 여러 관제도 격하되었습니다. 그리고 원나라의 공주와 혼인해야 했지요. 고려가 원나라의 사위의 나라가 된 것입니다.

　원나라는 고려의 영토인 철령 이북 땅에 쌍성총관부를 설치하여 정치에 간섭했어요. 그리고 정동행성을 설치하여 일본 원정에 고려를 동원하지요. 또한 이 시기에는 몽골풍이라 하여 변발, 호복, 만두 등 몽골의 풍습이 고려에 들어와 유행했습니다. 그 흔적이 지금까지도 남아있는데 족두리, 연지, 안동소주 같은 것들이 몽골에서 유래한 것이죠.

이제 그만! 원나라에 도전장을 던진 공민왕

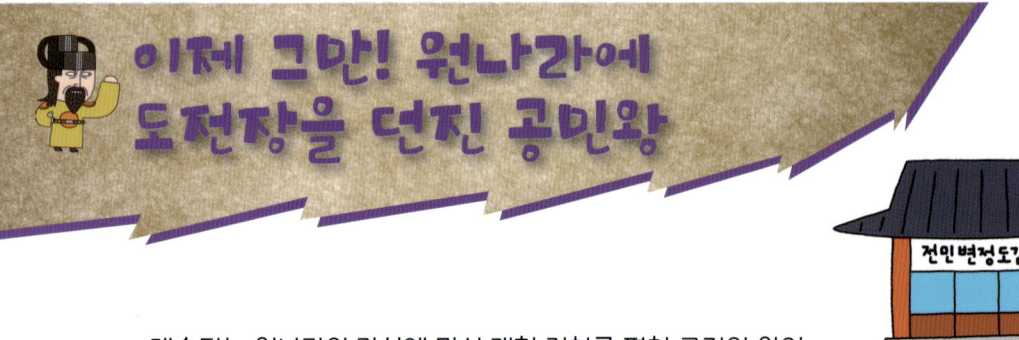

　계속되는 원나라의 간섭에 맞서 개혁 정치를 펼친 고려의 왕이 등장하는데, 바로 공민왕입니다. 공민왕은 원나라의 세력이 약해진 틈을 타 강력한 반원 자주 정책을 추진해요. 원나라의 풍습을 금지하고 쌍성총관부를 공격하여 영토를 회복하였습니다. 그리고 내정 간섭 기구였던 정동행성 이문소도 폐지하지요.

　당시 집권층은 권문세족이었습니다. 권문세족 중에는 원나라와 친하게 지내며 세력을 키운 사람들이 많았습니다. 이들은 불법으로 토지를 빼앗아 대농장을 소유하고, 세금을 내지 못한 농민들을 노비처럼 부렸죠. 그래서 공민왕은 신돈을 등용하고 전민변정도감을 설치해 여러 정책을 펼칩니다. 그러나 공민왕의 이러한 개혁 정치는 권문세족의 반발로 실패하고 맙니다.

　14세기인 고려 말에는 홍건적과 왜구가 침입합니다. 이들을 물리치는 과정에서 이성계와 같은 신흥 무인 세력이 성장하여 백성들의 신망을 얻습니다. 이성계는 이후 신진 사대부와 함께 부패한 고려를 무너뜨리고 조선을 세우게 되지요.

# 왕건

1. 신라 말 나라가 혼란해지고 왕권이 약해지자 각 지방에서 호족이 성장하였어.
2. 견훤은 백제 부흥을 내세우며 900년에 후백제를 세웠어.
3. 궁예는 고구려 부흥을 내세우며 901년 후고구려를 건국했지.
4. 궁예가 폭정을 일삼자 신하들은 궁예를 몰아내고 왕건을 왕으로 추대했어.
5. 왕건은 918년 고려를 건국하고 송악으로 수도를 옮겼어.
6. 후백제의 견훤은 강력한 군사력을 바탕으로 신라를 공격하여 경애왕을 죽이고 경순왕을 왕으로 세웠지.
7. 신라 경순왕은 왕건에게 항복하고 고려에 나라를 바쳤어.
8. 후백제에서는 왕위 계승 문제로 내분이 일어나 견훤이 큰아들에 의해 금산사에 갇혔어.
9. 금산사를 탈출한 견훤은 고려로 귀순하였고 왕건과 함께 후백제에 맞서 싸웠어.
10. 고려는 후백제를 무너뜨리고 936년에 후삼국을 통일했단다.

# 서희와 강감찬

1. 거란은 고려가 송나라와 친하게 지내는 것이 마음에 들지 않았어. 고려에 낙타를 보내 화친을 맺으려 하였으나 고려가 이를 받아들이지 않자 80만 대군을 이끌고 고려를 침입하였지.
2. 이때 서희가 거란과 담판을 짓겠다고 나섰어. 서희는 거란의 장수 소손녕과 외교 담판을 벌였지. 서희는 소손녕에게 고려가 고구려를 계승하였고, 여진이 거란으로 통하는 길목을 막고 있기 때문에 거란과 친하게 지낼 수 없었다고 말했어.
3. 서희는 소손녕과의 담판으로 거란과의 전쟁을 막았을 뿐만 아니라 거란에게서 강동 6주를 얻어냈어.
4. 고려가 송나라와 관계를 끊지 않자 거란은 강동 6주를 돌려달라며 고려를 다시 침입했어.
5. 강감찬이 이끄는 고려군은 귀주 대첩에서 거란군을 크게 물리쳤지.
6. 여진은 힘을 키워 고려의 국경을 자주 위협했어. 이에 윤관이 별무반을 이끌고 여진을 물리쳤어. 당시 차지한 땅에 동북 9성을 쌓고 고려의 영토로 삼았단다.

몽골의 침입

⭐1 몽골은 고려로 보낸 사신 저고여가 죽자 이를 고려가 꾸민 일이라고 생각하여 고려를 침입했어.

⭐2 당시 고려는 강화도로 수도를 옮기고 몽골에 대항했지.

⭐3 몽골이 침입하자 김윤후는 처인성에서 그곳의 백성들과 함께 몽골군에 맞서 싸웠어. 이 전투에서 김윤후는 화살을 쏴 몽골 군대의 대장인 살리타를 죽이고 승리했지.

⭐4 몽골의 침입으로 초조대장경과 황룡사 9층 목탑이 불타 없어지는 등 많은 문화재가 사라졌어.

⭐5 오랜 전쟁에 지친 고려는 결국 몽골과 강화를 맺었어.

⭐6 기세등등해진 몽골은 세력을 키워 나라 이름을 원으로 바꾸었어. 고려는 원나라의 사위 나라가 되어 간섭을 받게 되었단다.

공민왕

⭐1 원나라는 고려에 관청을 설치하고 나랏일에 참견했어. 그리고 고려의 처녀들을 공물로 요구하여 원나라로 데려갔지.

⭐2 원나라의 간섭을 받기 시작한 이후, 원나라의 복장과 음식 등이 고려에 퍼지기 시작했어.

⭐3 계속되는 원나라의 간섭을 참을 수 없었던 공민왕은 원나라의 풍습을 금지하고 쌍성총관부를 공격하는 등 반원 정책을 펼쳤어.

⭐4 그리고 신돈을 등용하여 전민변정도감을 설치해 여러 개혁 정책을 시행했어. 권문세족이 불법적으로 빼앗은 땅을 원래 주인에게 돌려주고, 억울하게 노비가 된 사람을 양민으로 회복시켜 주었지.

⭐5 하지만 공민왕은 사랑하는 왕비인 노국공주가 죽자 슬픔에 빠져 정치를 소홀히 하게 되었어.

⭐6 결국 공민왕의 개혁 정치는 권문세족의 반발과 공민왕의 죽음으로 실패하게 되었어.

⭐7 당시 머리에 붉은 두건을 두른 홍건적이 침입하여 공민왕이 피신하는 일도 있었단다.

큰★별쌤과 우리 아이 첫 놀이 한국사
못말리는 한국사 수호대 6
미션: 고려를 괴롭히는 번개도둑을 막아랏

초판 10쇄 발행 2025년 10월 15일
초판 1쇄 발행 2019년 4월 10일

글 | 최태성, 윤소연
그림 | 신동민
감수 | 모두의 별별 한국사 연구소, 강승임
발행인 | 손은진
개발 책임 | 김문주
개발 | 김숙영, 서은영, 민고은
제작 | 이성재, 장병미
디자인 | 한은영, 오은애
마케팅 | 엄재욱, 김상민

발행처 | 메가스터디㈜
출판사 신고 번호 | 제2015-000159호
주소 | 서울시 서초구 효령로 304 국제전자센터 24층
전화 | 1661-5431
홈페이지 | http://www.megastudybooks.com
출간제안/원고투고 | 메가스터디북스 홈페이지 <투고 문의>에 등록

이 책은 메가스터디㈜의 저작권자와의 계약에 따라 발행한 것이므로
무단 전재와 무단 복제를 금지하며, 이 책 내용의 전부 또는 일부를 이용하려면
반드시 저작권자와 메가스터디㈜의 서면 동의를 받아야 합니다.
잘못된 책은 구입하신 곳에서 바꾸어 드립니다.

메가스터디BOOKS
'메가스터디북스'는 메가스터디㈜의 교육, 학습 전문 출판 브랜드입니다.
초중고 참고서는 물론, 어린이/청소년 교양서, 성인 학습서까지
다양한 도서를 출간하고 있습니다.

· 제품명 못말리는 한국사 수호대 6권
· 제조자명 메가스터디㈜ · 제조년월 판권에 별도 표기 · 제조국명 대한민국 · 사용연령 3세 이상
· 주소 및 전화번호 서울시 서초구 효령로 304(서초동) 국제전자센터 24층 / 1661-5431